Dary Jean-Charles

Plain-chant sur mer

éditions Dédicaces

PLAIN-CHANT SUR MER

© Copyright - tous droits réservés à DARY JEAN-CHARLES
Toute reproduction, distribution et vente interdites
sans autorisation de l'auteur et de l'éditeur.

Couverture : © PIOTR RYDZKOWSKI
Gdansk, Pologne

Dépôt légal :
Bibliothèque et Archives Canada
Bibliothèque et Archives nationales du Québec

Un exemplaire de cet ouvrage a été remis
à la Bibliothèque d'Alexandrie, en Egypte

POUR TOUTE COMMUNICATION :

Site Web : http://www.dedicaces.ca
Courriel : info@dedicaces.ca

Blogue officiel : http://www.dedicaces.info
MonAvis : http://monavis.dedicaces.ca

Dary Jean-Charles

Plain-chant sur mer

Femme ma terre-vigie
à lance pierre du soleil d'avant jour
beauté d'averse en évasion de sens
entre l'éclair l'orage et l'arc-en-ciel
je me souviens de toutes choses

de la parole en pile ou face
au bout des seins de tes papilles
cherchant le lait des lendemains

de la vieille ville avant dame Jeanne
flirtant avec les vents contraires
des flamboyants graciles de tes yeux
voguant à fleur du bord de mer

de ce ruban de rue déchaussée
déambulant vers le quai
par les dimanches d'aubépine
des clairs de soir où l'oralité du silence
n'avait ni ombre ni bruit sûr sur la mer

Aussi allai-je à pied à pas de dunes
digue à la vague allègrement
mourir en soubresauts de roses blanches
sur le bêlement du sable écumeux de l'oubli

Je suis ce paysage urbain d'octobre
nouant mes bottes de pluie
en lettres mortes de fines herbes
batifolant au rez des berges d'autrefois

fragrance d'ailes souveraines
je vole au vent de chaume de tous les toits

la lyre en bandoulière du jour et de la nuit
mon piano blanc déplie ses neiges noires
aux pieds des elfes diamantés du matin
ourlant leur hampe de haut de gamme
au cou du mauvais temps qui passe
sous les dentelles de ta robe-ajoupa
comme une fusion d'étoiles de mer
dans le flamboiement du large

Entre soi et loin de mer
entrelacs de l'absurde
l'étrange et l'être
il m'a semblé serein
cet air de pluie joué à deux
au bal à fond de mes antennes
en quête de hautes fréquences

blessé au talon plat
d'achillées de feuilles mortes
l'oubli attelle ses grands chevaux de soif

je suis laissé pour compte
sans bas sans voix
laqué de boue
seul sur la piste
entre les bras de la pucelle

Dès lors en larme à l'oeil voyage l'île
à marée basse de mon visage

pavé uni au vent du large
qui amarre mes voiles
le temps longtemps s'enfuit
et le silence croît à plaisir
ailes épervières voguant à l'aveuglette
dans mon regard d'oiseau blessé

oser boire l'opale et l'onde
l'amer en rafale sur ma langue

se cristallisent les mots courts
au domicile de mes paupières

redéfinir le vague à l'âme
et l'encre au blanc de l'oeil
lac-émoi portant son masque
à ras les saules de mes vains souvenirs

Je suis en porte-à-faux
fil à langue de bois d'orme
pourri d'attente d'Ella
lorgnant l'haleine du silence

plus loin que veille d'une large soif
Lapierre* corps nu sans lune sur la mer
reste morne de délit dans la nuit

l'ombre est un arbre blessé
barbelé de vents incandescents

au carrefour du regard
rampent les feux des ruisseaux
qui s'en vont au charbon dans mes yeux

mais quel brasier de larmes astrales
casse les eaux dures de la mémoire
enfermées dans la jarre du silence

---

* Lapierre: montagne située au nord-est de la ville des Gonaïves (Haïti) dont la mer baigne le pied.

Encombrés d'ailes fumantes du matin
migrent en vers libres
dans mon arbre à parole
mille un corbeaux de grand papier
mâché pressé d'accords
de vents jumeaux
dispersant sur nos lèvres
leurs halliers de rosée

alphabet de sans voix
qui effeuille le silence
quel brasier de mots courts
à la renverse de mes voiles

l'ancre est plus douce que la mer
je désarme
j'attends là l'incendie
en comptant goutte à goutte
l'absolu

Noir-absolu du souvenir
la nuit est mer qui danse
dans les aspérités d'étoiles

les vagues à bonds en liberté
ont le bel âge du vent
leur corps ne muse
qu'aux doigts du loin
orchestre de feu
au large des hauts bois
jouant sur le tambour de l'horizon

Point d'orgue bleu
au sommier de ma voix
un soleil-Azuéï* ruisselant l'aile
à saute mouton d'épiphanies
de flamants roses
fait jour de planche
sur les baleines vives
qui assiègent le guéridon
de ma chambre

branle ombre de femme
à boire debout
au balafon
de tes sons de bouteille

en tire-bouchon
à la naissance de mes cheveux
l'ébène agite le désordre
de ses batailles

à la mer amarrée à mon port annoncé
l'écume des mots d'Ella
ensable d'espoir le poème de sa robe

---

* Azuéï : lac en Haïti

Je vogue seul vague à la vague
entre les lignes de flottaison d'Ella
vers son corps plein de soif
forêt noire après feu dévorant
du haut chant de ses seins étoilés
fuyant au galbe des galaxies

coeur et corps frileux
errant vers son lit de cendres
fibre à fibre peu à peu
je prends ses courbes folles
au gré du vent saumâtre
gondolant à bout de souffle
jusqu'à son année bissextile

terre neuve de vive voix de pucelle
au mois de juillet de lents rochers
monte à mi-lèvres de la source
parlant encore la langue des hauts bois

J'ai entendu nos pas pleurer
mourir de soif à perdre haleine
devant le puits de l'impossible
sous le poignard de l'impassible

des crocodiles en larmes de carnaval
racontent les marais aux nénuphars
en fuite dans la gravelée de mes yeux
brûlés par le soleil des balles perdues
à la moelle épinière de la liberté

agrès à gré de l'œil en clin qui passe
la rue déchaussée s'envoie en l'air

j'ai rendu l'aile au vent qui bruit au loin
sous les tonnelles des colonies
tendu mes mains aux mêmes erreurs
que ce passé rétif refuse d'oublier

Les rives au libelle du matin
sont reboisées d'aurores
de flamboyants de givre
en verger de discorde
dans mes yeux embués
d'harmonies d'oies des neiges

le Saint-Laurent voisin
langoureuse parole d'île
de plain-chant sur l'escale
court embrasser la mer
devenue plus froide que bleue

Je suis bercé de songes d'écoliers

dans la marée montante de l'enfance
déferlant ses effluves insulaires
j'arrime mon épaule à la houe de la mer
qui dérive des labours incessants de ta voix

tant que ton corps saumâtre
retiendra l'ancre vernaculaire de ma main
j'écrirai sur ta peau caravelle
tous mes voyages d'oiseaux
et du plus haut vol de leurs plumes
je te raconterai de mémoire sans fin
mes migrances d'octobre

Les mots passent comme des fées d'hiver
dans la moiteur folâtre du quotidien

Je suis clameur du soir
orgie de vent du pays pénéplaine
de l'amer qui m'enferme

sans ces pages de vin noir
dans mes yeux mis en fût
de mon arbre véritable
sortirai-je indemne
des propos de feuilles mortes
qui empilent la parole
enlisant dans ma chair
les vertèbres de la mer

Écho d'ailleurs
j'arrive du bout de l'être
d'où je n'étais
que souverain présage

aurore nocturne sur mer frappée
de la monnaie courante des carrefours
périple d'encre qui perle à verse d'aile
l'avenue des mortels
le temps passé revient sans cesse
hanter le reflet de mon visage
dans l'eau étale du souvenir

nomades ni ciel ni cil
n'ont vue sous mes paupières

je suis les yeux qui fuguent
pieds nus dans les années lumières
des orgues et délices d'une chanson à canon

J'entends un bruit d'échelle
en grappes d'espoir
grimper dans les barreaux du vent

colonnades de mots à l'envers
il est en courtepointe de brise d'ailes
au bout des doigts des écoliers
assis en signe de croix
au pied de l'arbre-ivresse
égrenant leur monnaie de douleur

j'entends ce bruit d'échelle
de hautes terres et de grands monts
j'entends le palabre du pain-oiseau
en langues de feu de fourmis folles
entre les doigts du vent majeur

j'entends bruire la part du jour
en mal de bleu mourant de faim du monde

j'ai repeint en roue libre
étendue sur tes lèvres
une moisson de baisers arc-en-ciel
pour masquer l'éloquence de la faim

j'ai redessiné l'Éden
avec ses fruits mûrs
sur tes seins carte postale
où fleurit l'alcool le plus doux
coulant du vignoble de tes yeux

Acte sûr sur ma langue
la nuit sans fin
est notre soeur de lait
notre naissance hâtive

terre promise à jamais
éclairée par la lampe
de nos corps enlacés
et le seul peuplement
des soupirs de nos doigts
tissant l'haleine des songes
dans la voie lactée de ton visage

Sur ma peau équiterre
la morsure de tes dentelles
frôle l'éveil de mon sens propre
figuré dans le langage des ombres
faisant la guerre à l'arbre
et au soleil de nos vingt ans

du ciel à l'eau pâle de ta robe
traînent sauvages et bleues
les grèves concassées du désir
mes phrases de nuit d'étoiles filantes

mais quel est le poids l'âme
quand l'angoisse du mal être
la balance dans la transparence du vide

Ma poésie se prostitue
sur la place publique

chaque vers mine de rien
est un flagrant délice
de vivre mon aveu d'abandon
dans ma peau de semaine

obole sonore
des victuailles de chair
elle a carte blanche
de tous les carrefours

feuille oblique
du regard des ruisseaux
en déhanchement burlesque
sur les collines de la soif

Vagit entre les lignes
de mon calepin de terre
l'encre des premiers cris d'orgasme
sur le boulevard du quotidien

Ô poésie d'hiver
de la complainte d'Ella
maîtresse aux cheveux
de nuit blanche
ma femme plus belle
que mal de mon pays

les mystères te prennent
au pied des mots intérimaires
que tes hanches à la houppe
prononcent au houmfort
de la danse des vivants

J'ai tous les chemins de sources
à la hotte renversée de ma peau

pores et paumes ouverts
au champlevé des ides fragiles
je traverse le massif des jours
les pieds enfouis dans l'éphémère

passe soirs et matins en solo
l'angoisse sourde des galets
fuyant le clair-obscur d'une femme
allant venant
à la lueur évasée de ses hanches
qui bruissent belcanto
dans le silence abstrait de l'élégance

La mer à boire gronde la mer
que le lointain promène
à pleines mains
dans le miroir du large

méat des océans
et des passerelles
à nid des grands rochers
qui perlent les Antilles
du pain d'oiseau de tous les jours

tu es l'écume d'aile
que l'on espère
depuis les dunes lointaines
des digues d'entendement
jusqu'à la sourde oreille
des coquillages du retour

L'écho roucoule d'eau de source
en bain-marie de sable chaud
sur la belle anse des naufragés
noyant les lèvres de nos corps enlacés
à hauteur de mémoire…

les coquillages à la charge de nos pas
battent la campagne du rappel
comme un gréement de mer
à l'unisson de nos miroirs
vêtus de bleus
d'un dernier cri d'oiseau

Ah! sortir de l'âme profonde
quand la mer intérieure
à tue-tête fait la houle
avant d'illuminer de ses baleines
le macadam des trembles de la nuit

Photos de nuit blanche
sur papier peint éparses
en syllabaires de rêves obscènes

noir accord de guitare
coulé de mots anciens
charbonnant la mémoire vive des murs
au domicile des feuilles mortes
d'un vieux quartier de lune
ma chambre haute
sur pilotis de points d'orgue
a la simplicité d'un vieux moulin à vent
charriant les méandres de la rive
au lit froissé du Saint-Laurent

puits de silence paroissial
empreint d'aspérités d'étoiles
un aigre vin douceâtre
allie parfum de thym au miroir
qui chante dans mon verre
la grand-messe de ton corps

J'ai marché en vain
de grève en grève
les yeux mouillés d'ivresse
de grands vents d'éboulements
et d'arbres morts sans nombre
dans la foulée de mes pas sur le sable

toi ma payse
en noir et prose d'ailleurs
ma phrase complice
citée sur la route du poème
quelle erre d'aller si belle
se mêle à tes souliers en liesse

quel vent grand'erre
bras ouverts amarre ma soif
à terre de tes cheveux en friche
à clé des champs de l'âme
en peine perdue
dans la luxuriance du verbe

De longs éclats de rires
de cloches pleines
ondulent dans le bronze de l'air
comme des sanglots de perles
à la tombée soudaine
des mélèzes de ta jupe de misaine
en prie-Dieu du matin
sur tes genoux graciles

ramiers et tourterelles sonores
à la ramée des feuilles
roucoulent dans la vallée
où longs et forts courants de merles
à coups de massue dans le regard
préfacent les larmes du manguier
penchant son front dans la saulaie du vent

épiphanie de fruits mûrs
en fragrances de rosée souveraine
dans la nuit pénéplaine de lucioles
les étoiles distillent leur parfum de naissance
comme des éclats de rires
au vertige des cloches de tes yeux

Enjamber de haut le désert
la clôture de la haine
traverser l'oubli
le couloir du désir
et me hisser sans souci
jusqu'à l'intimité des astres

ramasser à soif
les pierres drues des ruisseaux
empilées au palais de ma bouche
comme autant de papilles
au goûter du sel bleu
de tes seins

ah! les mots n'aiment que toi
enchassés outre-baie
de tes lèvres déboussolées
pays à bord de mon bateau
qui cherche ciel placide
à terre de tous les vents

Café mêlé de rhum
au parfum de chandelles
enivrant le corset
du matin d'Épinal

le rouge
gorge d'acier de mer lointaine
la complainte des vagues
du présent de l'oiseau
qui a cours sur tes lèvres

en vain tournent les vagues
l'alcool de mer à mer qui mousse
ne rend pas ivre le silence des pages

Tintamarre de grand'soif
sur le boucan carré de ma langue
et le maquis à la becquée de l'aile

sublimes la mer et l'île à boire
en soutien-gorge devant l'étale
claquemurent de sel bleu d'artifice
baleinées par autant de grands vents

entre l'écartèlement des vagues
et la neige moutonneuse
de tes éclats de rires
vagissant au large des marais
court un silence absolu

longues foulées de cris du coeur
étouffés par l'étrange

Comment faire
dis-moi
quand l'oiseau seul
à colin-maillard
entre les branches
perd sa lyre
à jouer si haut
ses gammes
dans les airelles du vol

quand l'éphémère passage
au-dessus du vent parnasse
porté par un si long accent
a le dégoût d'attendre
la feuillaison de l'ombre
sous l'orme de la mer

Pensée créole
dans un jardin
de cris en t'aime
douce lecon de choses

j'arrive sans voix
noir sur blanc
par la fenêtre de la folie
les mains moites de gingembre
et tatouées de bleus de mer

il fait soleil de marbre
sur mer de grands boulevards
à rompre le fil des jours

la terre chevauche l'air du temps
salive écueils de papillons
au vent monarque du mois de juin

je lance la première bille de mer
sur l'île de mon enfance

Mitan de ma sereine folie
las de l'enfermement
l'écho à la ronde
bat d'errements de vagues
au fond des coquillages hâbleurs
où tanguent nos moutons-souvenirs

petits bateaux de perles
sur papier peint de pluie
averse en marche inverse
de caravane qui passe
riant comme des baleines
des alluvions d'étoiles filantes
assiègent le péristyle de la nuit

je mange le pain des nombres
dans le haut-fond des cales
cul-de-sac au domicile
d'une nuit pleine d'artifices

Escaladant les hauts vents
des grands bruits italiques
à la lyre de tes lèvres rosacées
en détente sur la nef de mes joues
je m'accroche à la baie de l'aube

crépuscule en calice de mots ivres
mi-raisin mi-carême
mis à mal du pays tournedos
incarné au plus clair de ma chair
je m'adosse aux oeillets de la mer
où ta soif tributaire en écailles parsemée
foule aux pieds la passe sèche de ma fuite

mémoire de l'arbre à pain d'oiseau
faisant ombrage au soleil
du grand matin bougainvillier
nous marchons seuls
dans la pilosité du souvenir

enfant-phare
éteint à fleur des buissons
nous sombrons accroupis
dans la rameaux de la faim

J'affermis le pain sec de la route
jusqu'aux parements de pierres
polissant la fatigue des jours

je m'enfonce de mémoire
dans l'oralité de la mer
pour glaner le plain-chant
des cailloux de silence
empilés au hameau de ma bouche

engorgé de lames tièdes
et piégé de toutes parts
j'atteins l'ivresse du bâbord
le mal oblique des phares
ondulant comme des mots
dans le manuscrit du vent dru
de tes pas qui amènent la maison
aux battants de ma soif

La Terre est là qui m'écoute
goélette d'argile à genoux
sur des rivages obscurs

voyager à pleines mains
page à page d'azur
des grands voiliers d'eau vive
pour arriver à l'estacade de la soif

mon oeil a larmes en veille
de l'anonymat des misaines de l'ancre
jusqu'aux suppliques du sablier rongeur
mangeant sa part de vent
à l'embouchure du loin

de là je t'écris à tue-tête
ma première lettre de mer

Dits des hautes vagues
dits semblables à l'écume de ma soif
au carrefour des ruisseaux
de tes lèvres qui assiègent
et perlent les Antilles de mes mots

ailleurs dissimule plutôt
le sable de nos doigts
dans les platanes du silence
de vieilles ardoises d'écolier

ici vivement la mer
arbre tranquille du vent
avec ses bleuets verts
dans les batailles de nos cheveux

Divagations d'éperviers
sur mer blessée à l'aile du jour
rémiges à fleur de terre
ensanglantée d'automne
je cherche l'équinoxe de tes pas

migration de feuilles mortes
en courtepointes d'ironie
sur ma langue

pieds nus d'hirondelles
je traverse le massif de ma soif
en mèche d'amadou versant mes feux
sur la limpidité de ta robe d'eau douce
coulant des falaises de tes hanches

Barillet de thym vert
planté en canon et en fugue
dans la clémence de mon champ
mon nombril sur la mer
cale basse des mirages de la terre
pêche les poissons de la fuite

la mer me va et vient
libelle au loin du loin
sur la crinoline des vagues
en exclamations de cailles
boulées dans l'éternuement du vol

le pied marin du vent et de la hâte
chevaux de l'habitude montés en amazone
par une traînée de grandes vapeurs
attelle ses montures crinière à vol plané
vers ville à rebâtir à quatre mains d'oiseaux
des gens de course folle

Sont-ils du genre humain
ceux qui frappent à ma porte
qui vont à échos perdus de sources
m'annoncer au bétoire des rivières

être en crue et recrue
des sens de nos bras en croix
épaules à fleur de la rosée d'un sein
l'eau rend à peine la mer à boire
qui n'arrive qu'à genoux
entre l'errance et ma trachée
artère de ma grand'soif à boire
sans mot ni voix pour les chroniques
du sable et de l'enfance

minuit moins le nordet
claquant ses doigts devant l'aube
il fait beau réel

entre deux barques pleines
l'une est mise en île du genre humain

J'habite l'atmosphère
bouée d'engoulevents sonores
en équilibre sur la mer écritoire

je suis clarté vive de l'ombre
d'un territoire de mots courants
le long des bruits vernissés
de l'encre sur tes hanches capitaines

essaim sonore répétitif
au fil à soie de ma mémoire
où tangue ton alphabet de songes

J'habite l'étalement humain
la troisième vague de lune
marchant jusqu'au jusant des mers
marée de portes entrebâillées d'enfants
vêtus d'écholalies de vent

Empreinte d'étoile
en alliance de paix
à l'annulaire d'un ciel café
arpège dans le moi sidéral

quelle éclaboussure de mer
à marée toujours indivisible
porte à bout de bras
tous ces bateaux

à quels yeux tendre
les vers de ce poème
que la clarté urbaine arrime
à mon vocabulaire
habillé des syllabes endormies
de la rive

J'entends le tintamarre d'un pas
qui chasse à courre le vent
sur le pavé cuivré
du clair-obscur

quelle femme fait-il ici-bas
ou ailleurs dans ma demeure
quand lune est pleine
d'ivresse de l'autre
et que sa barbe en courtepointe
dans le miroir des ombres
atteint l'apothéose d'un sein

Je suis lanterne en voyage
monnaie de lune sur mer
frappée d'un vif-argent de neige
à l'effigie de ma naissance

lumière floue en portefeuille
dans la brume indisciplinée d'un songe
je traîne les sept lieues de mes bottes
au foin du vent de mon prénom de nuit

alevin de grande rivière
où le son du blé s'évanouit
dans l'ivresse du courant
suis sain et sauf
conduit au grand vivier de lames
qui me voyagent jusqu'à l'île

Dorénavant
entre l'escale
la voie lactée des nombres
et le plain-chant des vagues
j'aurai toujours la mer à boire
le mal amer de voyager
à pleines mains et sans esquif
tant que l'île
à l'eau de ses voyelles
mouillera au vent
le torse de ses voiles

Saule habillé d'un tablier de larmes
j'ai l'île en extinction
dans ma voix

marée me monte à fleur de vivre
sombre tapage dans mes os
ma chair craquelée tombe
en loques de silences apprivoisés

vague transhumance de voiliers
en cheptel vif de mots zébrés
errant serrés tout contre toi
comme des lettres mal aimées
attachées à la lyre et au vent
je jette l'ancre dans l'urgence

J'entends passer la ville
à vive allure dans mon clin d'oeil
tel un long courant de feux sauvages
airain des cloches en guerre de beffroi
battant les portes de la pleine lune

la grand-rue talon haut se promène
à l'ouverture des pas de filles
pavanant l'aile au pied de l'Amiral
avant de commencer à bavarder
avec le sable aux berges du Rivoli

un livre a la fenêtre ouverte
sur l'encre et les mots malaisés
qui dévisagent mon papier

ma lettre est en bouteille
depuis mon premier bal de mer
Est-ce donc la houle de tes hanches
qui fait ainsi danser mon vague à l'âme

Quel grand mal prend la mer
d'avoir marre d'outremer
quel malaise soudain la saisit
à tournoyer les hanches
avec un tel éblouissement de vagues

quel épanchement de lames
à souffle court du vent
louvoie des tresses de ses cheveux
quel trouble malmène ses entrailles
à soupeser ses seins d'argent
comme on allaite le fauve de l'ennui

sous la dictée de quel été de papillons
pousse-t-elle ainsi son divan bleu
vers l'infini de sa poussière d'ivoire
et quelle arrière colère perle à son cou
quand l'embrasse le large et fort courant
touffu du clair matin de tant d'éclaboussures

Je suis l'écriture
qui me porte pas à pas
en équilibre dans le noir insoumis

Incendie alentour de mes cheveux
et pieds nus dans l'acier de la nuit
je m'enfonce dans mon passé
composé des lambeaux de ma soif

marin d'eau douce-amère
suis la voie à suivre
en filigrane de la paume de l'aube

à un jet d'encre de ma mémoire
les mots morts-nés divaguent
dérivent entre la mer et mon papier
vaisseaux sans bord ni pont
jetés à l'impromptu du vent

qu'on sonne la corne de brume
sur les eaux calcinées des voyelles
ô ma bille d'ivoire ma belle ivresse
j'ai besoin de tes sons et lumières
pour mettre en bouteille ma lettre de mer

Je tombe en éclats de sens
Ciel ! l'orange est pulpe-amère
avec son zeste d'orage de haut-fond
bruit creux des draps défaits
au lit de ma terre rapaillée

halo long cours de vagues
ma lettre à lire en perspective
domine les chantiers de la mer
ma chair fragilisée hachurée
de mon enfance d'arêtes vives

Voir ciel si bas effeuiller
la porte étroite du temps
informer l'ombre de ma main droite
de tous mes projets d'encre
je rabats ma table à dessin dans ma bouche
à flots ténus de mes silences

empreinte d'oiseaux migrants
à coups de plumes dans le vent
la lune à la becquée de l'onde
tangue fidèle au retable de nuit
de mes éclats d'essence

Émoi du vent assis en conjonction
sur les prédelles de la rosée
je surprends la mer étale
à crue de bleu accostée seule à lire
la carte blanche de mes blessures

De son timbre vague
la mer un jour me chantera
m'affranchira peut-être
me jettera son charme indélébile
ou chevauchera mes lèvres
comme un baiser volé

mon corps salin sera l'enclume
où l'ardeur du soleil forgeron
rougira le front de ses lames
j'aurai sur la langue
l'oralité du sable pèlerin
j'aurai même la détente sur ma joue
ma bouche sera plaine à reverdir
de tamarin de merles blancs et d'arbres-à-lyre
à perte de mots exquis et limoneux

page ouverte à fleur d'encre
et calame de gingembre à la main
la mer parfumera d'abeilles
le teint saumâtre de mon visage
et m'écrira du bourdon de ses vagues
courant à marée basse de toutes tes voluptés

Je suis une gousse d'ailleurs
le calme plat plein terre d'une perle d'île
voguant en loques de silences
à fleur du chêne qui prend racine
dans la première alerte d'une ruelle

dans ce jardin qui branle tout bat
peu de choses bousculent l'inhabituel
l'inhabitué passant à voix de pissenlit
entre la politesse des pierres
et la banalité de l'ombre

Au coin de l'oeil de ma chambre noire
perchée à hauteur de souvenirs
vague à la vague une pellicule

un oiseau rare grande-étendue
en gréement de flaques d'ailes
se perd au quai de mon bâton-voyou
rompant l'enchantement des sables

là entre le fil et l'encre du regard
la mer à la marée indivisible
dans sa cavale sonore
met tant de lunes à boire son vin
qu'elle oublie le galbe de ses roses
aux lèvres bées du fleuve sur ma peau
qui l'abreuve en courant

Passe-reine dimanche au mois de juin
Monarque à clin profond de l'oeil
deux fleuves naguère amis à marée basse
soupirent s'appesantissent en moi
bavardent d'ailes de tous les jours
depuis la dernière pluie de papillons

vivre d'encre de peu de mots
de l'étalement du provisoire
du premier regard de la mer
de son pesant de bleu d'oiseau
cousu du peuplement des vagues
enfouies dans la mémoire de l'envolée

voilà le fruit
mûre noire infiniment
en vertige sur les haies vives du temps
buvant le vin secret d'un songe indélébile

La mer tout bas
écoute les voiliers
dissimuler leurs pages
dans le grimoire des brumes

ombre des ombres
une vague passerose
voyage à bout de souffle
à fleur de l'âge des cerisiers
qui penchent l'île en moi

vague enterrement d'un noyé
à bâbord de l'impasse

éternité
l'essence même de l'escale
cet éclair d'Amérique
qui m'étreint le regard
et me livre mot à mot
aux tangages du poème

Au battement
des mains de l'aurore
les porte-à-faux
en clenches d'ailes

l'opulence des allées de terre
battues d'odeurs de pas de femmes
porte leurs mannes
en panache de feu
d'artifice sur la tête

des éclaboussures de mer veillent
enflamment l'élégie des voiliers
qui sommeillent encore à vau-l'eau
de la vague dans la vergue du loin

tes yeux cyprès si pleins de papillons
et tes lèvres baies ouvertes sur l'île
telle une prise à visée de parole
me mettent l'eau à la bouche

nos visages en joue de verveine
ont mal dormi cette nuit
depuis la dernière pluie de balles
perdues dans la trachée du vent

Les poissons-lunes
éclipsent l'air
de la même cavale
que rien n'arrête
pas même le jour
qui se dépêche d'être
dans sa coulée de mots
sur ma langue

tel avril
à la criée d'écailles rondes
au fil de la vierge-miracle
l'eau indomptée
de nos élans de pluie
pêle-mêle murmure
dans le seau à remplir
des couleurs de nos soifs

Empaillée de sa doublure
de laine vierge
l'écume de merles bleus
sur l'épiderme de la mer
chaloupe nos corps
de rêve en rêve
jusqu'au rivage
de l'insomnie

j'ai torrents
en lumières ça et là
à tarir d'éclats de rires
de mon territoire

trop de grondements
de puits silencieux
arrosent le millet des oiseaux
traversant dans la hâte des chevaux
la passe sèche du matin

Un éclair de sens
rien que d'y penser
alarme mes yeux voyageurs

atermoiement
du seuil transitoire
un haut chant frugal
forçat ivre au soleil
traîne sèche sur ma peau
les sept lieues de la mer

Des soubresauts de cierges
mangent l'éther marin

des vagues en larmes
courtepointes de lumière
debout sur tes seins voilés
allument mon ombre aveugle
courant dans le clin d'oeil du sablier

épaves des ténèbres
des chèvres sauvages
bêlent broutent au loin
dans l'assouplissement
de la rade qui berce
le haut de tes genoux
des tangages de voiliers alentours

Faux prétexte de vers libres
où les rimes assoiffées
n'ont souci d'eau de vie
que le rhum lacrymal des marais
la clé des champs s'emporte
baisse bas ses branches aimables
dans la vitrine de Carenage

j'ai les foins coupés de la pluie
plein mes bottes d'orage d'hiver

des chiendents de tout poil
courent à la
fouettée de ma toupie
qui fait sa ronde de haut bois
sur le chemin des écoliers

fumier d'ardoise
au tréma jaune du maïs
un chat de mer miaule
aux meules du moulin
où vents de roses
à lie du fleuve étale
se souviennent
du talus vergeté
au long cours
de tes pas chancelants

mais où sont-ils les mots-clés
battant l'aile
aux portes de la maison?

Le ciel est d'encre
et d'étoiles vives
à l'effigie
de mon quartier de lune

Préfacer ce papier
fin d'avant-jour
avoir les vers
à vif et à soif
délier sans fin ni lieu
l'oubli de vivre
cent fois
l'inaliénable geste de fil à soi
sans dessus-dessous
nos doigts d'argent
égrènent seuls
l'odeur du sablier

Nos bêtes indomptées
portant l'effet du jour
à long trait de pierres
des chemins cahoteux
calculent la somme
des pas perdus
dans la géographie des fauves

l'ici est dans l'ailleurs
Que dire
tout est fragile
tout porte à soif
ta robe en fugue sur ton corps
tes hanches de grand'erre
sous la pluie pénéplaine
le temps
la terre et l'eau
delà les vertiges
de l'avril qui les nomme
goutte à goutte
de ses feuilles

Paroles corps à corps
devant l'aube
tendre les mots
doucement au soleil

au pied de la lettre
ton nom se recueille
transmue se précise
s'ébranche s'effeuille
de langueurs
de poésie

D'une allégorie de femme à l'autre
au printemps d'orage de nos mains
tournant en vain
les manivelles de la pluie
les cris de nos corps
au barillet du désir
égrènent le sable d'allégresse
de l'horloge qui nous leurre
à lance-feu des aiguilles
sur la grève de ces pages
que nous entachons d'encre
et de fruits défendus

Dans les hauts bois du cœur
où dorment nos silences
mes yeux timbrés à peine éclos
n'ont à lire que ta page d'oiseaux
aux ébats d'ailes de la pleine lune

de toutes les harmonies d'étoiles
sur les seins chauds de la nuit
chantant la voie lactée de la fuite
l'accent des fibres de ton corps nu
sous les ampoules de mes doigts
est le plus bel accord de la lumière

Certains soirs
de douce obsession d'être
et de secrète nostalgie
je pense
à la grand'messe
de ton corps sur mer
aux lèvres somnambules
et au crédo d'étoiles filantes
que récitait jadis
le noir de tes dentelles
en épilogue aux cloches de ta jupe
par les dimanches du mois de mai

je pense à la musique
du Rivoli qui Varsovie
et meurt encore le soir
à petit feu du belvédère
de nos songes incarnat

je pense
aux déhanchements des ondes
à la queue des comètes
qui hâlaient et hantaient
la constellation
de tes cheveux frisés
en plein vol de l'orfraie
du couchant de tes paupières

l'encens que distillaient
tes seins en sueur
avant propos
de la clarté du vent
fumait comme la mer
avec tous les voiliers
qui tanguent de chaleur
au quai de tes désirs

Entre lac et l'île absolue
montagne noire de mon pays
ton absence madame
perle de givre ma fenêtre

Aussi froid que le gel de l'hiver
ton souffle court
de loin en loin en moi
suinte l'haleine glacée
des giboulées de neige
traversant
à lance-pierres de voyelles
le lait caillé du Saint-Laurent
où tend le cours marin des jours

Ici escabelle d'ailleurs
trop de lampes tempêtent
dans mes yeux

trappes ouvertes
aux couleurs de mes larmes
le vent bavard et lent
remplit mon carquois
de calalou d'encre
et de paroles à suivre
dans le vallon sauvage
des nostalgies

je te parle
des racines de verveine
mouvant sous mes pas pantelants
des plants de sapotille sur tes seins
qui rappellent que la douce me revient
au dernier verre de vin de ce poème

Un silence morne bruit
au goût ferraille
sillon métallique
inégal sur la ville endormie

il est né
en moins de temps
pour le dire aux fleurs
tapies à voix basse
dans l'aller et retour
de mes souvenirs

Effigie de néant
moins nos pas sages
ravalés sur les pistes
en lagon de nos sueurs
battant les portes de la nuit

il fait odeur de thym
couleur de ma maison
plantée devant l'obscur
il fait douceur de toi
femme aquilon
de bord de mer qui luit
dans les trappes des baleines

www.ingramcontent.com/pod-product-compliance
Lightning Source LLC
LaVergne TN
LVHW052256070426
835507LV00035B/3050